Inhalt

EMAS II (Eco-Management and Audit Scheme)

Kernthesen

Beitrag

Fallbeispiele

Weiterführende Literatur

Impressum

GENIOS WirtschaftsWissen Nr. 08/2003 vom 05.08.2003

EMAS II (Eco-Management and Audit Scheme)

I.Zeilhofer-Ficker

Kernthesen

- Mit der Revision von EMAS wurde das darin geregelte Öko-Audit für Unternehmen attraktiver und praxisgerechter gemacht.
- Durch die Herstellung der Kompatibilität mit der DIN EN ISO 14001 wurde die bestehende Wettbewerbssituation zwischen Öko-Audit und ISO 14001 ausgeräumt und zu einem Instrument des Umweltmanagements verknüpft.
- Die Zertifizierung und Registrierung als EMAS-Unternehmen beinhaltet die

Erlaubnis zur Nutzung des EMAS-Logos, das neben Imagegewinn auch Wettbewerbsvorteile verschaffen kann.
- Aktives Umweltmanagement, wie in EMAS gefordert, spart den Unternehmen nicht nur Kosten, sondern kann auch die Grundlage für Innovationen aller Art sein.

Beitrag

Die Entwicklung von EMAS

Mit dem "Eco-Management and Audit Scheme" (EMAS I) wurde 1993 durch EU-Verordnung ein Werkzeug geschaffen, mit dem Unternehmen und Organisationen von allen EU-Mitgliedsstaaten freiwillig ein Umweltmanagementsystem aufbauen und zertifizieren lassen können. Ende 2001 waren in Deutschland über 2600 Organisationen zertifiziert und registriert (http://www.emas-logo.de).

Gemäß Art. 20 EMAS I ist die EMAS-Verordnung einer regelmäßigen Selbstüberprüfung zu unterziehen. Das Ergebnis dieser Selbstüberprüfung findet sich in der revidierten Fassung EMAS II, die das in Deutschland als "Öko-Audit" bekannte Verfahren für viele Unternehmen attraktiver und praktikabler macht. (1)

Das System

Unternehmen oder Organisationen, die sich dem "Öko-Audit" unterziehen und das EMAS-Logo verwenden wollen, haben ein Umweltmanagementsystem zu schaffen, eine jährliche Umwelterklärung zu veröffentlichen und sich einer Prüfung durch einen unabhängigen Umweltgutachter zu unterziehen. In der Umwelterklärung werden Aktionen und deren Ergebnisse publiziert, die die Umweltleistungen der Organisation darstellen. (2)

Die Stufen zum Öko-Audit

Für Firmen, die die umfangreichen Vorschriften und Regelungen des gesamten Öko-Audits scheuen, wurde als Vorstufe das Programm "Öko-Profit" geschaffen. Um als Ökoprofit-Betrieb oder -Organisation ausgezeichnet zu werden, müssen Vertreter des Betriebes an einem Umweltberatungsprogramm teilnehmen und das betriebliche Umweltmanagement nachweisbar verbessern. Dieses preiswerte und relativ einfache Verfahren dient häufig als Einstieg in ein professionelles Umweltmanagementsystem. (3)

Anders als in EMAS I gibt es in EMAS II keine eigenen Vorschriften zum Aufbau eines Umweltmanagementsystems mehr. Dagegen wird auf die ISO 14001 und deren Anforderungen an ein Umweltmanagementsystem verwiesen. Die vorher bestehende "Konkurrenzsituation" zwischen EMAS und ISO 14001 wurde damit aufgehoben und ein System, das den Anforderungen der ISO 14001 entspricht, kann als vollwertige Basis für EMAS II dienen. (1)

Mit der vollständigen Umsetzung der EMAS-II-Verordnung, die neben dem Umweltmanagementsystem ausdrücklich die Legal-Compliance, eine messbare oder quantifizierbare Verbesserung der Umweltleistung des Unternehmens, die Einbeziehung der Mitarbeiter, die externe Begutachtung sowie eine zu veröffentlichende Umwelterklärung fordert, ist die höchste Stufe des Öko-Audits erreicht. (1)

Allerdings ist die Arbeit damit nicht abgeschlossen. Eine regelmäßige Überprüfung sowie die kontinuierliche Verbesserung der Umweltleistung einer Organisation ist notwendig, damit die

Zertifizierung nicht wieder verloren geht. (1), (4)

Die Änderungen von EMAS II im Detail

Grundsätzliche Zielsetzung von EMAS II war, den bereits registrierten EMAS-Organisationen durch die Revision keinerlei Nachteile aufzubürden. Die Verordnung wurde besser strukturiert und Übersetzungsprobleme wurden ausgeräumt. Der Verordnungstext soll europaweit nur noch mit "EMAS" bezeichnet werden. (1)

Daneben wurden einige Systemkomponenten geändert bzw. erneuert.

1. Es wurden Leitlinien zur Unterstützung der Unternehmen bei der Umsetzung verabschiedet, die eine Harmonisierung der europaweiten Anwendung zur Folge haben sollen. (1)

2. Der Adressatenkreis wurde dahingehend erweitert, dass nun auch Dienstleistungsunternehmen sowie Betriebe der Landwirtschaft an EMAS teilnehmen können. Das bedeutet eine vollständige Öffnung gegenüber jedem, der an EMAS teilnehmen möchte. (1)

3. Für den Aufbau und Ablauf eines Umweltmanagementsystems gibt es keine eigenen EMAS-Vorschriften mehr, es wird vielmehr auf die DIN EN ISO 14001 und deren Anforderungen verwiesen.

4. Zusätzlich zum Begriff des Standortes wurde der Organisationsbegriff eingeführt. Nach wie vor bleibt zwar der Standort die kleinste zertifizierbare Einheit, es können jetzt aber mehrere Standorte zu einer validierungsfähigen Organisation zusammengefasst werden. (1)

5. EMAS hat zum Ziel, die direkten Umweltaspekte eines Unternehmens zu verbessern. Das kann zum Beispiel ein geringerer Energieverbrauch oder eine verbesserte Abfallwirtschaft sein. Mit EMAS II wurden aber auch indirekte Umweltaspekte in das Anforderungsprofil übernommen, um den Arbeitsweisen von nicht-produzierenden Betrieben gerecht zu werden. Im Handel könnte das beispielsweise durch die Zusammenstellung des Sortiments nach ökologischen Gesichtspunkten erfolgen, bei Banken durch die Berücksichtigung von Umweltaspekten bei der Kreditvergabe. (1)

6. Mit EMAS II stehen den registrierten Betrieben zwei EMAS-Logos zur Verfügung. Die EMAS-Zeichen

sollen für umweltgerechte Produktion oder Dienstleistung sowie für die Glaubwürdigkeit von veröffentlichten Umweltinformationen stehen. Die Verwendung der Logos auf Produkten oder dessen Verpackung ist aber nach wie vor nicht erlaubt. (1)

7. Alle registrierten Betriebe sind zur jährlichen Veröffentlichung einer Umwelterklärung verpflichtet. Ausgenommen von dieser Pflicht sind nur Organisationen mit weniger als 50 Mitarbeitern. Alle Aspekte von EMAS müssen im 3jährigen Zyklus validiert und neu begutachtet werden. (1)

8. Da die Akzeptanz und Unterstützung der Mitarbeiter als wichtiges Kriterium für den Erfolg von Umweltmanagement erkannt wurden, wird in EMAS II ausdrücklich die aktive Einbeziehung der Arbeitnehmer verlangt. Beispiele dazu sind Verbesserungsvorschläge zum Thema Umwelt sowie die Arbeit in Umwelt-Teams oder -Ausschüssen. (1)

9. Die Gemeinschaftsinitiative "Wir setzen ein Zeichen" von Bund, Ländern, Wirtschaft, Gewerkschaften und Umweltverbänden soll die EMAS-Initiative sowie die EMAS-Logos weitläufiger bekannt machen. Die dafür gestartete Werbekampagne wurde von Bund und Ländern gemeinsam finanziert und soll vordringlich das Interesse von Unternehmen an EMAS wecken und

über deren Inhalt informieren. (1), (www.emas-logo.de)

Warum ist EMAS für Unternehmen interessant?

Neben dem Imagegewinn, den Unternehmen durch aktives Umweltmanagement erreichen können, ist vor allem die Tatsache interessant, dass dadurch enorme Kosten gespart werden können. Die Senkung von Energie- und Wasserbedarf kann in jedem Betrieb mit relativ geringem Aufwand erzielt werden. Investitionen in alternative Energieerzeugung, in Wärmedämmung oder neue, weniger energieintensive Maschinen und Anlagen zahlen sich meist innerhalb kürzester Zeit aus. (3), (5), (6)

Oft ist das Umweltmanagement auch Anstoß für Innovationen im Produktions- und Verwaltungsprozess, da Arbeitsweisen überprüft und verbessert werden. Hat der Prozess der kontinuierlichen Verbesserung mit Blick auf eine Verbesserung der Umweltbilanz erst einmal begonnen, kann er sehr einfach auf alle Arbeitsbereiche eines Betriebes ausgedehnt werden. Die Arbeitnehmer fangen an, sich über das "Wie" einer Tätigkeit Gedanken zu machen und sehen, dass sie einen wertvollen und aktiven Beitrag leisten können. Dies kann die Motivation und Identifikation der Mitarbeiter mit dem Unternehmen wesentlich erhöhen. (1)

Dazu kommt das gute Gefühl, einen aktiven Beitrag für die Zukunft der folgenden Generationen und gegen die Zerstörung unserer Umwelt geleistet zu haben.

Fallbeispiele

Die DEKRA Umwelt GmbH ist bereits seit 1997 als Umweltgutachterorganisation akkreditiert und kann für EMAS-Prüfungen engagiert werden. (9)

In Wiesbaden ist das Ökoprofitprogramm, das von der Stadt zusammen mit der örtlichen IHK und der ESWE Versorgungs AG getragen wird, sehr erfolgreich. 16 Unternehmen wurden 2003 mit dem Ökoprofit-Siegel für ihre Leistungen im Umweltmanagement ausgezeichnet. Insgesamt haben sie rund 5,5 Millionen Kilowattstunden Strom, 4,8 Milllionen Liter Wasser, 45 Tonnen Rohstoffe und 84 Tonnen Restmüll eingespart - Wert für die

Unternehmen: mehr als eine halbe Million Euro pro Jahr. (3)

Schulen und Hochschulen gehören schon jetzt zu den größten Verfechtern von EMAS. Die Hochschule Bremen unterzieht sich im Sommer 2003 der Prüfung nach EMAS. (4) Die Internationale Gesamtschule Heidelberg gehört schon seit 1999 zu den EMAS-Organisationen. Jährlich werden hier durch die diversen Einsparmaßnahmen rund 45 000 Euro pro Jahr an Energiekosten gespart. Die freigewordenen Gelder wurden z. B. in eine Solaranlage auf dem Dach und ein Windrad investiert. (6)

Einer der EMAS Pioniere ist die Nordzucker AG - seit 1995 gehört sie zu den EMAS Unternehmen. Nordzucker konnte durch die Entwicklung und den Einsatz von innovativen Produktions- und Energieerzeugungsanlagen 80 Prozent der Prozessenergie einsparen. 2002 wendete Nordzucker ca. 21 Millionen Euro für den integrierten Umweltschutz auf. (5)

Auch im Dienstleistungsbereich erfreut sich EMAS steigender Beliebtheit. So wurde der Hamburger Airport - ein EMAS-Betrieb - kürzlich für das vorbildliche Umweltengagement ausgezeichnet. (10) Auch die Sparkasse Kraichgau hat im letzten Jahr das Öko-Audit erfolgreich abgelegt. Schon seit 5 Jahren müssen alle Auszubildenden auch einen Lehrgang zum Thema Umweltschutz absolvieren. Ökologische Grundsätze fließen dort auch in geschäftspolitische Überlegungen ein. (11)

Viele deutsche Campingplatzbetreiber haben erkannt, dass sich mit dem Engagement für die Umwelt trefflich werben lässt. 18 Campingplätze in Deutschland sind bereits zertifiziert, 48 weitere bemühen sich um de Anerkennung. (12)

Weiterführende Literatur

(1) Die Revision der EG-Umwelt-Audit-Verordnung (EMAS)
aus Betrieb und Wirtschaft, Heft 9/2003, S. 353-356

(2) Aspacher Firma will Ökosiegel, Stuttgarter Zeitung, 26.06.2003, S. 27
aus Betrieb und Wirtschaft, Heft 9/2003, S. 353-356

(3) Unternehmen wirtschaften umweltschonend
aus Frankfurter Allgemeine Zeitung, 10.06.2003, Nr. 132, S. 57

(4) Mit Modulen gegen Plastikbecher Das 2001 begonnene Umweltmanagementsystem der Bremer Hochschule geht an den Start: Mitte Juli soll der auswärtige Gutachter kommen und die Ergebnisse bewerten. Die Zertifizierung kann die Hochschule

auch wieder verlieren.
aus taz Bremen, 28.06.2003, S. 29

(5) So werden Energiekosten kräftig eingedampft
aus Lebensmittel Zeitung 28 vom 11.07.2003 Seite 043

(6) Die Sonne wärmt die Öko-Audit-Schule
aus Frankfurter Allgemeine Zeitung, 10.06.2003, Nr. 132, S. 46

(7) Umweltschädigende Beihilfen sollen auf den EU-Prüfstand
aus Frankfurter Allgemeine Zeitung, 03.06.2003, Nr. 127, S. 18

(8) Aschaffenburg spielt Vorreiterrolle im Agendaprozeß
aus Frankfurter Allgemeine Zeitung, 02.07.2003, Nr. 150, S. 51

(9) DEKRA Umwelt seit zehn Jahren erfolgreich, WLB Wasser, Luft und Boden, Heft 6, 2003, S. 8
aus Frankfurter Allgemeine Zeitung, 02.07.2003, Nr. 150, S. 51

(10) Senator Peter Rehaag verleiht Zertifikate in der Handelskammer 33 umweltfreundliche Unternehmen
aus Die Welt, Jg. 58, 03.06.2003, Nr. 127, S. 38

(11) Sparkasse Kraichgau Zertifiziert und umweltgerecht
aus Die SparkassenZeitung, 04.04.2003, Nr. 14, S. 16

(12) ÖKO-CAMPING im Aufschwung: Immer mehr Plätze lassen sich zertifizieren. Auf die Plätze ...
aus Hamburger Abendblatt, Jg. 56, 22.04.2003, Nr. 93, S. 6

Impressum

EMAS II (Eco-Management and Audit Scheme)

Bibliografische Information der deutschen Nationalbibliothek

Die Deutsche Nationalbibliothek verzeichnet diese Publikation in der deutschen Nationalbibliografie; detaillierte bibliografische Daten sind im Internet über http://dnb.d-nb.de abrufbar.

ISBN: 978-3-7379-1558-8

© 2015 GBI-Genios Deutsche Wirtschaftsdatenbank GmbH, Freischützstraße 96, 81927 München, www.genios.de

Alle Rechte vorbehalten. Dieses Werk ist einschließlich aller seiner Teile – z.B. Texte, Tabellen und Grafiken - urheberrechtlich geschützt. Jede Verwertung außerhalb der Grenzen des Urheberrechtsgesetzes bedarf der vorherigen Zustimmung des Verlags. Dies gilt insbesondere auch für auszugsweise Nachdrucke, fotomechanische Vervielfältigungen (Fotokopie/Mikroskopie), Übersetzungen, Auswertungen durch Datenbanken oder ähnliche Einrichtungen und die Einspeicherung und Verarbeitung in elektronischen Systemen.